In 27/18741

NOTICE

SUR LA VIE

DE SAINT SÉBASTIEN

ET SUR

LA RELIQUE INSIGNE DE CE SAINT MARTYR

CONSERVÉE DANS L'ÉGLISE DE JALONS

SUIVIE D'UN APPENDICE

SUR LA RESTAURATION DE LA CRYPTE SAINT ÉPHREM

Par M. l'abbé P.-J. Chapusot, curé de Jâlons.

CHALONS-SUR-MARNE

H. LAURENT, IMPRIMEUR DE LA SOCIÉTÉ ACADÉMIQUE

1863.

Approbation Episcopale.

Nous, Jean-Honoré BARA, par la miséricorde divine et la grâce du Saint Siége Apostolique, évêque de Châlons-sur-Marne,

Ayant examiné la notice concernant la vie de saint Sébastien et la relique insigne de ce saint martyr conservée dans l'église de Jâlons, de notre diocèse, avons permis à M. l'abbé Chapusot, curé de cette paroisse, de la faire imprimer. Nous en recommandons vivement la lecture aux fidèles de Jâlons, aussi bien qu'à ceux qui aiment à s'occuper des souvenirs du passé.

Donné à Châlons, le 19 décembre 1862.

† J. HONORÉ, évêque de Châlons.

A mes Paroissiens!

Avant d'entrer dans les détails qui feront connaître au lecteur la relique de saint Sébastien de Jâlons, avant d'énumérer les motifs qui lui ont valu une solennelle réhabilitation, il ne sera pas sans intérêt de raconter brièvement et simplement la vie du héros martyr, à qui nous consacrons de cœur les premières pages d'une modeste plume.

Sébastien eut la France pour berceau; c'est un de ses plus glorieux enfants, un de ses saints les plus populaires. Né vers l'an 260, à Narbonne, dans le midi des Gaules, d'un gentilhomme du pays et d'une dame de Milan, il quitta bientôt sa patrie, pour suivre ses parents dans la capitale du Milanais, où les tendresses de sa famille maternelle l'attendaient impatiemment.

Issu d'une noble race, le jeune Sébastien fut élevé dès sa plus tendre enfance avec des soins exquis. Un naturel heureux, des maîtres habiles, une éducation choisie, tout contribuait à développer, dans cette riche intelligence, les plus beaux talents, les connaissances les plus variées.

Toutefois, au milieu de ces brillantes qualités, vous eussiez admiré une qualité plus radieuse encore; c'était sa ferveur religieuse. Elevé dans les principes de la religion chrétienne, il en savoura toujours les divins enseignements, et fut, jusqu'à la mort, un de ses plus ardents défenseurs.

Pour qui l'avenir n'a-t-il pas des charmes, quand on est jeune, riche, d'une famille illustre; quand surtout la gloire, avec ses couronnes, vous sourit et vous tend la main? Le jeune étudiant résiste à toutes les séductions de la vie. Son plan est arrêté, sa carrière va bientôt s'ouvrir. Il est chrétien, il ira consoler et défendre les chrétiens, et, s'il le faut, il les précédera dans la voie des martyrs.

Huit fois déjà, les empereurs romains avaient répandu le sang des chrétiens fidèles; la neuvième persécution commençait. Rome en était le foyer; c'est à Rome que Sébastien va demander un aliment à sa foi et à son zèle. Il se sent peu d'attraits pour l'état militaire, mais il comprend que sous le casque, ses allures seront plus libres, ses entrées plus faciles, partout où le sort des chrétiens réclamera sa présence. Il s'enrôle, en 283, dans l'armée de l'empereur Carin, qui ne monta sur le trône des Césars que pour être assassiné.

Comme nos ardents missionnaires, sous l'habit emprunté du marchand chinois, vont porter aux infidèles la civilisation évangélique, ainsi notre intrépide soldat remplit-il, au milieu des chrétiens ses frères, la mission sublime et périlleuse qu'il a choisie. En voici un premier exemple :

Les deux frères Marc et Marcellien, après avoir glorieusement confessé la foi du Christ, au milieu des plus violentes tortures, étaient pourtant sur le point de sacrifier aux idoles. Touchés par les cris plaintifs de leurs petits enfants, attendris par les embrassements de leurs épouses, vaincus par les sanglots de leurs vieux parents, ils allaient souiller par une lâcheté indigne la couronne des confesseurs. Sébastien le sait. Il vole à la prison et parle à ses deux amis avec tant de force et d'autorité, qu'il fait passer dans leurs cœurs chancelants le feu sacré qui dévorait le sien. Captivés eux-mêmes par une doctrine si belle et si touchante, Nicostrate, greffier de la préfecture, Claude le geôlier, et seize prisonniers sont gagnés à Jésus-Christ. Ils demandent le baptême.

Cependant une lumière miraculeuse environnait la tête de Sébastien. Etonnée de ce prodige, une femme tombe aux pieds de cet apôtre soldat. C'est Zoé, l'épouse de Nicostrate. Elle a perdu depuis six ans l'usage de la parole, mais elle a compris que rien n'est impossible à celui qui parle au nom du Tout-Puissant. Elle fait signe à Sébastien de la guérir, et la croix imprimée sur ses lèvres lui rend l'usage de la voix ; plus tard elle donnera sa vie pour Jésus-Christ.

Chromace, préfet de Rome, va donner à l'Eglise une conversion plus éclatante encore. Tourmenté par les douleurs aiguës de la goutte, il apprend que Tranquillin, père de Marc et de Marcellien, a été guéri de cette affreuse maladie, en recevant le baptême, à l'instigation du fervent Sébastien. Dans l'espoir d'une si précieuse faveur, Chromace se fait instruire par le courageux soldat, qui le guérit et le baptise, ainsi que son fils Tiburce et toute sa famille. Quatorze cents soldats suivirent leur exemple.

Au faible Carin avait succédé l'empereur Dioclétien. Ce dernier, d'un esprit vif et pénétrant, apprécia bientôt les qualités éminentes du jeune Sébastien. Il le nomme capitaine de la première compagnie de ses gardes ; faveur immense, qui révélait toute l'estime et toute la confiance de Dioclétien pour notre héros.

Plus que jamais, Sébastien met au service de son prince et son courage et son épée. Toujours prêt à voler où son devoir de soldat l'appelle, il n'oublie pas cependant qu'il n'a vu Rome que pour fortifier ses frères les chrétiens, et adoucir, par l'aménité de son cœur, leurs dures et cruelles épreuves. Tout s'incline devant le capitaine des gardes prétoriennes, devant le favori de Dioclétien. Il pénètre partout, il visite toutes les douleurs, multiplie ses conseils et réserve toujours à son âme ardente les plus pénibles travaux, les suprêmes dangers.

Mais voici venir le moment où Sébastien, après avoir fidèlement rendu à César ce qui était à César, allait enfin rendre publiquement à Dieu ce qui est à Dieu. En 288, le feu de la persécution, un instant ralenti, se réveilla plus furieux que jamais. Consolés, secourus, encouragés par le jeune officier des gardes, les chrétiens en foule marchaient généreusement à la mort, comme on marche à la gloire. Arrêtée une des premières sur le tombeau de saint Pierre, Zoé fut suspendue au-dessus d'un feu dévorant qui la suffoqua. Tranquillin fut lapidé sur le tombeau de saint Paul ; Nicostrate et Claude sont appliqués trois fois à la torture, puis jetés à la mer ; cloués par les pieds à un poteau, Marc et Marcellien restèrent un jour dans cet état, jusqu'à ce qu'on les eût achevés à coups de lance. Et celui qui faisait tant de chrétiens, celui qui envoyait tant de martyrs au ciel, Sébastien soupirait ardemment après l'heure où il pourrait cueillir lui-même la couronne des bienheureux. Ses vœux vont être satisfaits.

Instruit qu'il était chrétien, et en même temps, l'appui de ses frères, l'Empereur fait comparaître Sébastien devant lui. Il lui reproche amèrement de favoriser la religion nouvelle, il l'accuse d'ingratitude et le presse de laisser là le Crucifié pour offrir de l'encens aux dieux de la patrie. Sébastien demeure inébranlable. Aussitôt, par ordre de Dioclétien, les farouches soldats de Mauritanie, habiles à tirer de l'arc, se saisissent du capitaine disgracié, et font pleuvoir sur lui une grêle de flèches. On le croit mort. Mais la pieuse Irène, la veuve du saint martyr Catule, étant venue pour l'enterrer, s'aperçoit qu'il respire encore et le fait porter dans sa maison, où il recouvre promptement la santé.

Qu'ils étaient heureux les chrétiens de retrouver leur guide, l'âme de leurs conseils, cet athlète invincible qui leur marquait le chemin du ciel! Qu'ils étaient fiers les soldats prétoriens d'apprendre que leur chef vivait encore! On voulut cacher Sébastien pour le soustraire à de nouvelles tortures. Il s'y refusa énergiquement, à cause de sa double qualité de chrétien et de soldat d'élite.

Loin de fuir la persécution, le hardi confesseur va au contraire marcher à sa rencontre. Il pénètre dans le palais de Dioclétien, se place sur un escalier par où devait passer l'Empereur, et prenant la parole avec cette sainte audace que donne une foi vive et profonde : « Prince, dit-il, vos » sanglants édits sont ceux d'un tyran. Vous commettez » une criante injustice en faisant ainsi massacrer les chré- » tiens. Loin d'être rebelles à l'Etat, apprenez encore une » fois qu'ils se font tous un devoir sacré de prier le vrai » Dieu, pour la prospérité de l'Empire et le salut de l'Em- » pereur. »

Etonné, en voyant devant lui un homme qu'il croyait mort, plus étonné encore de la hardiesse de ses discours, Dioclétien le fait prendre et conduire dans l'hippodrome, attenant à son palais, pour y être assommé à coups de massue. Ainsi termina sa glorieuse carrière le saint martyr dont nous donnons la vie : c'était le 19 ou le 20 janvier. On jeta son corps dans un cloaque de la ville, pour le dérober aux recherches des chrétiens. Mais une vertueuse dame, nommée Lucine, ayant appris cette profanation, fit secrètement retirer des égouts le corps de saint Sébastien. On l'enterra aux pieds des apôtres saint Pierre et saint Paul, et le cimetière dans lequel il fut déposé, porte encore aujourd'hui le nom de *Catacombes de Saint-Sébastien*. Le pape Damase fit bâtir une église à l'entrée de ces catacombes, et c'est dans cette basilique, qui porte aussi le nom de Saint-Sébastien, que l'on conserve ses vénérables restes et quelques-unes des flèches qui ont percé le corps du noble patricien. (1)

Telle est la vie édifiante et célèbre du capitaine français qui fut passé par les armes de soldats mercénaires, pour avoir confessé et suivi la religion de Jésus-Christ. Et comme de temps immémorial, le nom du généreux martyr est en vénération dans la paroisse de Jâlons, à cause d'une relique importante qui fut toujours la gloire de la contrée, et sur laquelle pourtant on avait élevé quelques doutes, il nous paraît louable de rapporter maintenant les divers documents qui doivent raviver la vieille foi à saint Sébastien, faire hommage à ses reliques, et restituer à notre pays ses titres d'honneur (2).

(1) Plusieurs des ossements de saint Sébastien ont été distribués en d'autres villes de la Chrétienté, pour satisfaire à la dévotion des peuples. Mais c'est principalement en France qu'ils furent apportés sous le pape Eugène II, 826, à la sollicitation de l'empereur Louis-le-Débonnaire, qui les fit mettre en la célèbre abbaye de Saint-Médard-les-Soissons, d'où plusieurs églises de ce royaume en ont été enrichies. (Vie des Saints, par le P. Giry, 4 vol. gr. in-8°, tom. 1, col. 559.)

(2) On invoque saint Sébastien contre la grêle. On l'invoque principalement contre la peste, et plusieurs villes croient devoir à son intercession la délivrance de ce fléau. C'est surtout du temps de saint Agathon, 78ᵉ pape, de l'ordre de saint Benoît, que sa protection contre la peste s'est manifestée. La contagion décimait partout la ville de Rome. Un autel fut érigé à saint Sébastien dans l'église de Saint-Pierre-aux-Liens, d'après une apparition, et le fléau cessa.

En mémoire des guérisons miraculeuses, opérées par saint Sébastien sur Zoé, Tranquillin et Chromace, on devrait également implorer sa puissante protection dans les extinctions de voix et dans les déchirantes maladies de la goutte.

I.

Ce qui donna lieu à nos recherches.

Bien souvent j'avais entendu vanter la relique de saint Sébastien, que Mgr de Prilly, en 1824, avait tenue pour suspecte, parce qu'elle manquait de titres authentiques. L'opposition vive et hardie qu'il rencontra dans la paroisse de Jâlons, quand il voulut supprimer ce précieux trésor, m'était également connue (1). Chaque jour je trouvais des preuves nouvelles d'une dévotion très antique à notre saint patron, lorsque par hasard, sur la fin de 1861, je rencontrai chez un de mes amis, M. l'abbé Aubert, curé de Juvigny, un livre de M. de Barthélemy (Edouard), traitant du vieux

---

(1) Le 27 décembre 1824, fête de saint Jean l'évangéliste, Mgr Marie-Joseph-François-Victor Monyer de Prilly faisait à Jâlons sa première visite épiscopale.

Les deux marguilliers en charge de cette époque, Pierre Collard et Alexandre Hénault, nous ont raconté l'examen attentif que fit Sa Grandeur de la châsse de saint Sébastien. Monseigneur ne voyant aucun titre authentique, et trouvant le reliquaire et la relique dans un état flagrant de malpropreté, observa, d'une manière assez accentuée, qu'il valait mieux enterrer cette tête dans le cimetière, que de la laisser ainsi dans la pourriture. Mais l'évêque de Châlons comprit bientôt toutes les difficultés qu'il allait susciter; il se contenta de faire porter au presbytère la châsse du saint patron, pour y remettre un peu d'ordre et de décence, et c'est pendant cette translation que deux ou trois personnes du pays, pensant que Monseigneur voulait enlever la relique de saint Sébastien, commencèrent à crier fort, et même, assure-t-on, à lancer des pierres.

C'était justice de rendre dans toute sa vérité cette fâcheuse histoire, qui eut dans tout le diocèse un retentissement beaucoup trop exagéré, et que les mauvais journaux d'alors exploitèrent sur un ton fort peu édifiant.

Peu de temps après cet évènement, Mgr de Prilly eut l'extrême bonté d'envoyer à l'église de Jâlons une petite parcelle des reliques authentiques de saint Sébastien. Nous avons trouvé cette esquille dans un papier écrit de la main et scellé du sceau de Sa Grandeur.

diocèse de Châlons, et sur lequel je lus avec avidité les renseignements qui suivent: *Un procès-verbal, du deuxième dimanche de septembre 1468, constate la visite faite du chef de saint Sébastien, conservé dans l'église de Jaalons, en présence de Jean Ledigoix, abbé de Toussaint.*

Dès lors une pieuse curiosité me saisit : je pourrais peut-être, en essayant quelques recherches, rendre service à ma paroisse, et réhabiliter une insigne relique, à laquelle on ne rendait plus que timidement les honneurs publics.

Si jusque-là j'entendais avec plaisir les détails qu'on rappelait sur la relique de saint Sébastien, maintenant je les demandais, je les provoquais partout. Ce fut un bonheur pour mes paroissiens d'entendre parler avec intérêt du Saint que leurs aïeux ont vénéré, et qu'ils vénèrent comme eux ; chaque vieillard que j'interrogeais se faisait un plaisir, un honneur de me dire ce qu'il avait vu, ce qu'il tenait de la tradition.

Avant de faire les premières démarches, j'ai dû visiter la châsse de saint Sébastien, pour savoir si la relique actuelle répondait à la description qui nous était donnée par le procès-verbal de 1468. En effet, grande fut ma satisfaction quand je trouvai la moitié d'une tête, *un chef*, comme le porte l'acte ci-dessus mentionné.

Un examen attentif de tous les registres religieux de la paroisse devenait indispensable. J'ai tout lu, et pas le moindre renseignement ne m'a été donné sur la relique en question : plus tard on verra pourquoi.

II.

Titres anciens, visites officielles, 1442, 1468, 1724.

Une meilleure fortune nous attendait à la bibliothèque de Châlons. Dans une histoire manuscrite du diocèse, par Dom François, religieux bénédictin, on lit ce passage si précieux pour nous.

Visite du chef de saint Sébastien. An 1442.

Sous Guillaume Le Tur, 77ᵉ évêque de Châlons, le grand vicaire et l'official de l'évêché furent députés avec deux chanoines et des notaires par le chapitre, pour aller vérifier les reliques de saint Sébastien, en l'église de Jaalon. La visite s'en fit le premier jour de mai 1442, et il fut dressé procès-verbal comme quoi ces reliques étaient une partie du chef de saint Sébastien. Elles furent solennellement transférées de l'ancien reliquaire dans un plus grand et plus magnifique, en 1468 (1).

Cette citation et la note de M. de Barthélemy nous prouvent parfaitement la reconnaissance canonique des reliques de saint Sébastien, faite par deux évêques de Châlons : 1º celle de Mgr Le Tur, comme l'indique la citation ci-dessus ; 2º celle de Mgr Geoffroi de Saint-Géran, en 1468, date de la

---

(1) L'auteur de ce riche document met en note la réflexion suivante :

« C'est dans le procès-verbal concernant la relique de saint Sébastien de Jaalon, que je trouve, pour la première fois, nos évêques faire usage de ces mots : *Et sanctæ sedis apostolicæ grâtia* (et par la grâce du Saint-Siége apostolique), que nous lisons depuis en tête de leurs mandements et lettres circulaires. »

(Histoire du diocèse de Châlons-sur-Marne, par Dom François, religieux bénédictin de la congrégation de St-Vannes. 1 vol. in-fol., manuscrit, de la bibliothèque de Châlons, page 397.)

visite officielle, faite en présence de Jean Ledigoix, abbé de Toussaint, et de la translation du chef de saint Sébastien dans un reliquaire nouveau et plus riche (1). —

Les archives de la préfecture devaient également servir la cause qui m'était chère. J'ai parcouru toutes les liasses qui concernent Jâlons, et dans un procès-verbal de visite épiscopale, faite le 10 mai 1724, par Mgr Louis-Nicolas II de Saulx-Tavannes, il est dit à l'article RELIQUES : *Il y a dans l'église de Jaalons une relique de saint Sébastien que nous n'avons pu visiter, M. le curé nous ayant dit qu'il n'avait pas la clef du reliquaire. Il fera ses perquisitions pour l'avenir, afin qu'à notre première visite, nous puissions l'examiner* (2).

Il est fâcheux sans doute que Monseigneur n'ait pu, faute de clef, examiner avec soin la relique de saint Sébastien ; il

---

(1) Guillaume III, Le Tur, chanoine de Paris, élu évêque de Châlons en mars 1438 ; mort le 10 juin 1453 ; enseveli sous le petit aigle de la cathédrale.

Geoffroy III, de Saint-Géran, abbé de St-Germain-des-Prés, évêque de Châlons en 1453, fit rebâtir le château de Sarry et le palais épiscopal ; mort le 3 août 1503, après une administration de 50 ans ; inhumé dans la cathédrale, sous le pupitre de l'épître.

(2) Mgr de Saulx-Tavannes ne visita plus l'église de Jâlons; du moins, il n'en reste aucune trace, et partant, plus rien sur notre relique.

C'est plus tard, en 1747, le 3 juin, que Mgr Claude-Antoine de Choiseul-Beaupré, son successeur, fit de son côté une visite solennelle à la paroisse Saint-Ephrem de Jâlons. Monseigneur avait eu la délicate attention de se faire accompagner, non plus par ses vicaires-généraux, mais par deux anciens curés de cette paroisse, MM. Claude Fréminet, chanoine théologal de l'église cathédrale et promoteur-général du diocèse, et Léon-François Maupas, aussi chanoine de ladite église et ancien promoteur du doyenné de Châlons. — Observons que les procès-verbaux de cette époque ne renferment plus, dans leur questionnaire, l'article *relique*. Il n'est donc pas fait mention du chef de saint Sébastien dans le procès-verbal du 3 juin 1747.

Il paraît cependant certain que Mgr de Choiseul a vu le reliquaire et entendu parler de l'insigne relique, ne fut-ce que par les deux chanoines, anciens curés de Jâlons. Suffisamment renseigné sur ce chapitre, Monseigneur se sera contenté de la reconnaissance faite par ses vénérables prédécesseurs, sans rien ajouter sur sa feuille de visite. Il l'eût signalé, c'était son devoir rigoureux, si le reliquaire n'eût pas été en règle.

nous eut certainement édifiés sur sa valeur et nous serions entièrement en règle aujourd'hui. Retenons bien néanmoins, que l'évêque de Châlons *affirme*, qu'il y a dans l'église de Jâlons une *relique de saint Sébastien,* qu'il regrette de ne pouvoir visiter, mais dont il n'interdit nullement le culte public : son procès-verbal en ferait mention.

III.

Témoignages de la tradition.

La grande révolution n'était qu'à soixante ans de là, époque funeste où tant d'objets religieux, et les reliques en particulier, furent affreusement profanés. J'interrogeai donc là-dessus des témoins dignes de foi, et j'en reçus l'assurance formelle que la relique de saint Sébastien n'avait subi aucun malheur, ni aucune insulte pendant la révolution.

En 1793, le chef de saint Sébastien était conservé dans un buste en cuivre, fermant à clef, et placé sur l'autel dédié au saint martyr (1). Ce buste en cuivre, servant de reliquaire, et l'aigle du lutrin, également en cuivre, tous deux d'un travail remarquable, furent enlevés de l'église de Jâlons, à la fin de 1793, et conduits à Châlons-sur-Marne, pour être mis à la disposition du district et servir aux besoins de la nation.

MM. Remy Nottret, adjoint, âgé de 77 ans, et Collard-Réaux, conseiller municipal, âgé de 83 ans, soussignés, m'ont garanti lesdits renseignements, et m'ont affirmé, sur

---

(1) Nul doute que cette châsse, représentant le buste de saint Sébastien, ne soit le reliquaire *plus grand et plus magnifique* dont il a été parlé précédemment, et dans lequel on transféra la relique, en 1468, sous Mgr de Saint-Géran.

leur honneur, que le chef de saint Sébastien avait été sonstrait aux agents révolutionnaires par le marguillier de la confrérie, le sieur Claude Hostomme, dont la femme, Marie-Joseph Amé, pieuse chrétienne de la paroisse de Jâlons, garda religieusement ce dépôt sacré, pendant tout le temps de la terreur.

Signé : Nottret. Collard.

Madame Félicité Michel, veuve Lemaire, propriétaire à Jâlons, nous a donné la description de la boîte dans laquelle a été conservée la relique, pendant la grande révoluton, et jusqu'en 1804. Elle a vu tirer le chef de saint Sébastien de cette boîte très modeste, pour être déposé dans une châsse plus décente, donnée par sa famille, et faite sur le modèle du reliquaire de Saint-Alpin de Châlons. Cette châsse en bois qui fut conservée dans la crypte jusqu'en 1862, malgré son état de délabrement, avait été remplacée, en 1849, par le reliquaire actuel, en cuivre verni, don que fit M. Jean-Nicolas Lemaire, au nom de Louis Bertrand, son petit-fils. M. Bertrand-Lemaire a inséré dans le coussin, sur lequel repose la relique, une feuille de parchemin qui donne la date et le motif pieux de cet hommage à saint Sébastien.

Signé : Félicité Lemaire-Michel.

IV.

Pélerinage et confrérie de saint Sébastien, à Jâlons.

Cette relique insigne de saint Sébastien donna lieu à un pélerinage fameux, dont les vieillards conservent le plus édifiant souvenir.

Cette grande confiance, cette foi vive de toute la contrée

pour le chef auguste de saint Sébastien ne devait pas toujours rester isolée, individuelle. Une confrérie nombreuse se forma dans la paroisse de Jâlons, en l'honneur du saint martyr, et le 15 octobre 1664, le pape Alexandre VII, dont nous conservons la bulle, érigeait canoniquement ladite confrérie de Saint-Sébastien, et ouvrait en sa faveur le trésor des indulgences.

« Les confrères, d'après l'exposé de la bulle, gagnent
» une indulgence plénière, le jour de leur entrée dans
» l'association, à l'article de la mort et le jour de la fête du
» saint, pourvu qu'ils se soient confessés, qu'ils aient reçu
» la sainte communion et qu'ils soient allés prier dans
» l'église du lieu, aux intentions ordinaires. Sous les mêmes
» conditions, les membres de cette religieuse association
» peuvent gagner sept ans et sept quarantaines d'indul-
» gences, savoir : le lendemain de Pâques, le dimanche
» dans l'octave de saint Ephrem, premier patron de l'église
» de Jâlons, le jour de la Nativité de la Sainte Vierge et le
» dimanche pendant l'octave de saint Sébastien ; le tout
» approuvé et confirmé par Mgr Félix Vialart de Herse,
» évêque comte de Châlons, pair de France, le 20 juin 1665.

» De plus, assister aux réunions publiques ou particu-
» lières de la confrérie, dans un but pieux ; accompagner
» le Saint-Sacrement porté aux malades, ou seulement se
» mettre à genoux au son de la cloche, et dire un *pater* et
» un *ave* pour lesdits malades ; se réconcilier avec ses en-
» nemis et réconcilier les autres ; suivre les processions
» accordées par l'ordinaire à l'association ; assister aux
» funérailles des confrères, ou dire pour eux cinq *pater*
» et cinq *ave*; faire rentrer quelqu'un dans la voie du salut,
» et instruire les ignorants des vérités de notre sainte
» religion ; toutes ces bonnes œuvres assurent soixante
» jours d'indulgence aux membres de la confrérie. »

Au dire des respectables vieillards ci-dessus désignés, cette confrérie avait pris une extension prodigieuse. Tous les pays d'alentour se faisaient un honneur d'y appartenir. Le jour de la fête de saint Sébastien, comme le lundi de Pâques, les confrères des paroisses voisines arrivaient processionnellement au saint rendez-vous, et les distances n'étaient pas un obstacle, puisqu'il est certain que la procession d'Oger, à plus de trois lieues de là, venait grossir le nombre des pèlerins. L'affluence des fidèles était immense ; on commençait par s'acquitter des devoirs religieux commandés par la circonstance, et, disent les plus anciens, après avoir tiré de l'arc et collationné, chacun regagnait son pays. Ceci se passait avant 1793.

V.

Cessation des processions, la fête patronale est changée, disparition des titres.

La dévotion à saint Sébastien de Jâlons était trop profonde pour être anéantie par les désastres révolutionnaires. Quand la paix fut rendue à l'Eglise, la relique reprit sa place et le concours des pèlerins n'était pas moins considérable chaque année, au jour de la fête principale. C'est vers 1826 seulement que cessèrent les processions de saint Sébastien. Le pèlerinage en grand, du lundi de Pâques, dura encore quelques années ; mais vers 1832, on vit disparaître complètement ces démonstrations populaires en l'honneur du saint protecteur de la paroisse de Jâlons. A cette époque, quelques habitants, pour des motifs bien connus, firent changer la fête communale, fixée depuis longtemps au lendemain de Pâques, et remise dès lors au premier dimanche de septembre. Ce changement, et sans doute l'indifférence religieuse aidant, fut le dernier coup porté aux grandes fêtes de saint Sébastien.

La confrérie prospère, dont il a été question plus haut, n'avait pas survécu à la grande révolution; et si les registres et autres papiers concernant cette association font entièrement défaut aujourd'hui, et depuis longtemps, c'est que toutes ces pièces, et aussi les titres authentiques de la relique, sont tombés entre des mains indifférentes, peut-être irréligieuses, pendant les jours néfastes de 93.

Un autre témoin consciencieux, *Joseph Jeannard,* nous a certifié que deux hommes de sa connaissance avaient certainement détruit une grande partie des papiers de saint Sébastien; l'un se vantant d'en faire des bourres pour son fusil, l'autre s'en servant pour confectionner des sacs d'épicerie.

Signé : JEANNARD.

Voilà des pertes malheureuses sans doute, irréparables, puisque les titres canoniques, assurant à la relique toute sa valeur, ont disparu sans que personne songeât à réclamer, sans même que personne s'en doutât; car, à Jâlons, comme partout, les fidèles s'occupent peu d'un *authentique*, qu'ils n'ont jamais vu, dont ils n'ont jamais entendu parler : ils ont leur reliquaire devant les yeux, ils n'en connaissent pas, ils n'en veulent pas davantage.

VI.

Confiance des habitants de Jâlons dans la protection du saint martyr.

Aussi bien la confiance à saint Sébastien, la vieille foi en sa protection ne fut pas plus ébranlée par la disparition des titres authentiques que par les impiétés sacrilèges de la grande révolution.

A Jâlons, vous n'entendez parler que de saint Sébastien, que des soins tutélaires qu'il donna de tout temps au pays qui l'honore. Si, de mémoire d'homme, le fléau de la grêle respecta les terres de Jâlons, c'est à saint Sébastien qu'on doit cette faveur; si les incendies ne paraissent qu'à de rares intervalles, ou si, dans des circonstances que chacun se rappelle (novembre 1861), ils s'arrêtent comme par miracle devant un ouragan furieux, n'allez pas chercher d'autres raisons que la puissance de saint Sébastien. La croyance populaire à ce saint protecteur va quelquefois jusqu'à la naïveté, jusqu'à l'exagération peut-être. Mais du reste, ici commence la nuance légendaire qui ne déshonora jamais un pays.

Entre autres récits, je n'en citerai qu'un seul. Il existait sur le territoire de Jâlons un pré qu'on appelait le pré de saint Sébastien, et voici l'origine de cette pieuse dénomination (1). Les chanoines de la cathédrale de Châlons, jusqu'en 1790, ont toujours été les seigneurs de la terre de Jâlons, depuis que saint Rémy de Reims, au commencement du VIᵉ siècle, légua ce domaine à sa chère église de Châlons. Or, les vénérables du chapitre, ébahis sans doute du culte prodigieux qu'on rendait à saint Sébastien de Jâlons, et désireux de posséder une relique si célèbre, un trésor si

---

(1) Avant la construction de la route impériale n° 3, qui remonte à peine à 150 ans, le chemin qui conduisait à Châlons-sur-Marne longeait le jardin du presbytère actuel, traversait le petit cours d'eau des marais, au gué encore existant, et se dirigeait de là, au travers des prés, vers un pont établi sur la rivière du moulin, à l'endroit appelé encore aujourd'hui le *Pont-Cassot*. C'était un peu en avant de ce pont que se trouvait le pré, coupé par le chemin, et où la légende veut que la voiture des chanoines se soit arrêtée.

Depuis cet incident merveilleux, et jusqu'à ce qu'elle fut plantée d'arbres, cette pièce s'appela toujours le pré Saint-Sébastien. Maintenant le terrain appartient en grande partie à M. Alexandre Hénault.

précieux, s'emparèrent de la châsse où reposait le dépôt sacré et regagnaient en triomphe leur bonne église de Châlons. Mais, un larcin, quelque pieux qu'il paraisse, a-t-il jamais profité aux coupables? La déception des chanoines fut complète, accablante. Ils étaient à peine sortis du pays que leur véhicule s'arrête et semble cloué au sol; rien au monde ne peut le faire avancer. Il n'en fallait pas tant pour les doctes chanoines. Ils comprirent de suite que saint Sébastien s'opposait à leur projet et ne voulait pas quitter le sanctuaire où la piété des fidèles lui prodiguait, depuis si longtemps, les hommages les plus empressés. La relique du saint patron, à leur grand regret, fut ramenée à Jâlons, et remise en sa place pour n'en plus sortir (1).

VII.

Consultation à Rome, correspondance, décision épiscopale.

Nous sommes en 1862. Un jour, dans un entretien avec M. l'abbé Joannès, vicaire-général du diocèse, j'abordai la question de saint Sébastien, et je donnai sur la relique une esquisse sommaire de ce que j'avais su, de ce que j'avais vu. L'approbation de mon supérieur, ses bienveillants encouragements m'enhardirent, et, sur son avis, je résolus de faire un rapport sur ce sujet et de le présenter au conseil

(1) Tout ce que nous avons raconté jusqu'ici, au sujet de notre relique insigne, prouve qu'au XVe siècle, sous les rois Charles VII et Louis XI, il existait certainement à Jâlons une partie de la tête de saint Sébastien. Depuis cette époque, nous n'avons trouvé aucun indice donnant des craintes sur le sort de ces restes précieux; au contraire, les monuments écrits ou traditionnels parlent toujours de Jâlons comme possédant le chef en question. Logiquement, nous sommes donc déjà en droit de conclure, malgré la disparition des pièces probantes, que nous conservons encore aujourd'hui la relique de 1442 et 1468.

épiscopal. M. le vicaire-général pensait que la relique de saint Sébastien pourrait être réhabilitée, et il faisait des vœux pour que la paroisse de Jâlons pût aussi se procurer des reliques de saint Ephrem, qu'elle déposerait dans sa crypte, nouvellement restaurée.

Cependant la Providence me donnait la plus belle occasion de porter en haut lieu l'affaire intéressante qui nous préoccupait. Le grand et immortel Pie IX venait d'inviter tous les évêques du monde catholique aux grandes solennités qui eurent lieu à Rome, pour la canonisation des martyrs du Japon (1). Il était donc possible que bientôt la cause de notre relique fût traitée, en présence d'hommes compétents, au centre même de la chrétienté.

En effet, le 7 avril de la même année, M. l'abbé Defrance, chanoine honoraire, supérieur du petit séminaire de Saint-Memmie, et M. Boulland, juge d'instruction, à la résidence de Châlons-sur-Marne (2), prenaient le chemin de la Ville éternelle, et emportaient avec eux l'exposé des principaux documents, concernant la relique de saint Sébastien, conservée dans l'église de Jâlons.

Il était, je crois, de la dernière importance d'éclaircir tout d'abord un point essentiel, qui devait d'un seul coup trancher la question contre nous, ou bien laisser à nos investigations les plus belles espérances. A Jâlons, on se le rappelle, nous avons un *chef,* une *tête* pour relique. Il fallait donc s'informer, à Rome, si la tête de saint Sébastien se trouvait tout entière dans la basilique de ce nom, dans le sanctuaire où l'on conserve les restes vénérables du saint

---

(1) Le 8 juin 1862, fête de la Pentecôte, le Souverain Pontife, assisté de 265 évêques, parmi lesquels se trouvait Mgr Jean-Honoré Bara, évêque de Châlons, inscrivait solennellement dans le martyrologe les noms de 26 religieux franciscains, mis à mort dans l'empire du Japon, pour la cause de J.-C., le 2 juillet 1597.

(2) Par décret impérial, en date du 14 janvier 1863, M. Boulland a été nommé président du tribunal de Dreux (Eure-et-Loire), où il réside actuellement.

martyr. Or, voici ce que m'écrivait à ce sujet M. le juge Boulland, en date du 20 mai 1862 :

« Les vacances de Pâques qui ont commencé peu après
» notre arrivée, et pendant lesquelles tous les bureaux et
» spécialement ceux de la Custode sont fermés, ne m'ont
» pas permis de mener à fin, comme je l'aurais souhaité,
» l'affaire des reliques de saint Sébastien. Toutefois, je puis
» déjà vous assurer que dans la basilique qui lui est dédiée,
» et où nous avons pu voir l'une des flèches qui ont percé
» le corps du martyr, il nous a été dit que le *chef* ne figure
» pas parmi les parties du corps conservées. »

M. l'abbé de Villequier, supérieur des religieuses de l'Adoration réparatrice de Châlons, pendant qu'il était à Rome, avait bien voulu travailler, de son côté, au succès de notre entreprise, ainsi que madame la comtesse de Caraman, si célèbre par sa piété et ses bonnes œuvres. Voici encore ce que m'écrivait M. de Villequier sur notre relique :

« Il n'est nullement prouvé que la tête de saint Sébastien
» ne soit pas dans l'église de Jâlons, au diocèse de Châlons ;
» 1º parce que quand même cette relique serait entière
» dans un autre lieu, ce que nous n'avons pu savoir, cette
» paroisse pourrait posséder le chef d'un autre saint Sébas-
» tien. 2º Parce que souvent plusieurs parties notables
» d'une même tête existent dans plusieurs sanctuaires, qui
» peuvent, en sécurité, faire vénérer chacun leur insigne
» relique, comme chef du saint.

» Il serait donc imprudent et regrettable, a-t-on dit à
» Rome, de jeter des doutes sur la relique et le pèlerinage
» en question. — Et pour que M. le curé de Jâlons soit tout-
» à-fait tranquille à ce sujet, il pourra joindre à son ancien
» reliquaire une relique authentique de saint Sébastien,
» que nous avons obtenue de Rome à cet effet.

» Nous lui demandons de prier pour nous (1). »

Il était de plus en plus permis de croire à l'authenticité du chef de saint Sébastien, vénéré dans notre église. Mais pour être complètement satisfait, il me fallait une autorité suprême, une décision nette et précise des supérieurs ecclésiastiques.

M. l'abbé Gaillard, prêtre de la Congrégation de la mission, supérieur du grand séminaire de Châlons (2), était en ce moment à Rome, où il avait accompagné Mgr Bara, évêque de Châlons-sur-Marne. Je me hâtai de lui rendre compte des premiers résultats obtenus, le priant de prendre en main notre cause et de consulter au sujet de notre chère relique. Voici la réponse de M. Gaillard, vicaire-général du diocèse, en date de Rome, juin 1862 :

Mon cher ami,

« J'ai reçu hier votre lettre et déjà j'ai pu m'occuper de
» votre affaire. M. le chevalier de Rossi, véritable antiquaire
» et qui vit habituellement au milieu des reliques des mar-
» tyrs, puisqu'il est chargé des catacombes, m'a dit que le
» chef de saint Sébastien n'était pas en effet à l'église qui
» porte son nom, mais qu'il en existait une partie dans
» celle des Quatre-Couronnés. Ce savant m'a fait observer
» que souvent les têtes des saints se multipliaient par la
» division, et que si vous n'aviez pas une tête entière, vous
» pourriez bien pourtant avoir une portion de celle de saint
» Sébastien (3).

---

(1) Le nouveau reliquaire, si gracieusement offert par M. de Villequier, fut aussitôt réuni à l'ancien chef, et chacun peut en lire les titres authentiques, à droite de l'autel dédié à saint Sébastien.

(2) M. Pierre-Julien Gaillard, vivement regretté de tous ceux qui l'ont connu, quittait Châlons le 1er août 1862, pour se rendre à Marseille, et prendre la direction du grand séminaire, où le général des Lazaristes venait de le nommer supérieur.

(3) Nous ne possédons, en effet, qu'une partie, mais une partie notable de la tête de saint Sébastien. En voici la description anatomique :
L'os coronal ou frontal, en entier ; — l'os pariétal droit, en entier ; — l'os tem-

» Dans tous les cas, voici la décision donnée devant Mᵍʳ Bara.
» En fait de reliques, l'usage est de ne pas faire seulement
» attention au plus ou moins d'autorité des titres, mais
» encore à la foi des populations. S'il y a des *chefs* de saints
» qui existent dans une douzaine d'endroits, c'est parce que
» plusieurs saints avaient le même nom, parce que les têtes
» ont été divisées, et aussi parce que, au commencement,
» il peut y avoir eu erreur sur le nom donné aux reliques
» des martyrs. Mais dès que la foi du peuple existe, il ne
» faut pas trop raisonner, ni trop chercher à vérifier. »

Signé : P.-J. GAILLARD.

Un tel langage, émanant d'une autorité certaine, tenu devant l'évêque de Châlons, transmis par un vicaire-général, ne me laissait aucun doute sur la décision favorable que Mᵍʳ Bara nous donnerait à son retour de Rome.

Mon espoir ne fut pas trompé. Le lendemain de son arrivée, 28 juin, je fus assez heureux de pouvoir offrir mes hommages à Sa Grandeur, et voici les propres paroles de Mᵍʳ l'évêque, relativement au chef de saint Sébastien, honoré dans ma paroisse :

Monsieur le Curé,

« Nous Nous sommes occupé de votre affaire. D'après le
» rapport que vous Nous avez envoyé à Rome, votre relique
» a paru digne du plus grand respect et quoique les titres
» authentiques vous manquent, vous êtes autorisé, mainte-
» nant et désormais, à exposer la dite relique à la vénéra-
» tion des fidèles, et à lui rendre tous les honneurs qu'on
» lui a rendus, par le passé, dans le pays de Jâlons. L'an-
» cienneté certaine de cette relique, les procès-verbaux de

---

poral droit, en entier ; — l'ethmoïde ; — le sphénoïde ; — l'os zygomatique droit, entier ; — l'os maxillaire supérieur, entier ; — les os nazaux, complets ; — les os unguis, complets ; — le vomer. — C'est toute la face et le côté droit de la tête.

(Certifié par M. T. Leclère, médecin à Athis.)

» nos éminents prédécesseurs, la foi constante de votre
» paroisse et des paroisses environnantes pour le chef de
» saint Sébastien, sont des raisons plus que suffisantes de
» vous donner toutes permissions à ce sujet. Ainsi a-t-on
» jugé l'affaire à Rome. En tout cas, Nous aurions le droit
» d'invoquer en faveur de votre relique les bénéfices de la
» prescription. »

La cause était finie, nos désirs pleinement satisfaits. La relique de saint Sébastien, fameuse à tant d'époques dans l'église de Jâlons, avait enfin reconquis sa place d'honneur, grâce au concours touchant de notre Evêque bien-aimé.

Il ne nous reste plus qu'à faire des vœux pour que l'illustre héros de Fabiola, touché de nos humbles efforts, daigne accorder au pasteur, et à son cher troupeau, cette virile, cette énergique protection qu'il aimait à prodiguer à ses frères les martyrs, qu'il donna sans doute plus d'une fois déjà à la paroisse de Jâlons, sa fille aimante et dévouée.

APPENDICE.

Le premier patron de l'église de Jâlons est le diacre d'Edesse, saint Ephrem, le seul vocable de ce nom dans tout le diocèse de Châlons. Ce savant confesseur, honoré du titre de Père de l'Eglise, en Orient, a toujours été vénéré à Jâlons, et dans les cantons voisins, comme protecteur des enfants, dans la hideuse maladie connue sous le nom de *cuirée*. Souvent des mères, pleines de foi, viennent en pélerinage à son autel, et font bénir du linge pour leurs enfants malades.

Saint Ephrem n'a pas d'autel dans l'église de Jâlons, c'est la crypte, cette délicieuse petite chapelle souterraine qui lui est consacrée. On vient de la restaurer à neuf, et voici la relation écrite, à ce sujet, sur le registre paroissial.

ÉGLISE DE JALONS.

Restauration de la Crypte Saint-Ephrem.

Depuis son entrée dans cette paroisse, M. le curé de Jâlons se sentait le cœur tristement ému en voyant l'état d'indécence dans lequel se trouvait la crypte de son église.

Cette chapelle, aussi curieuse que rare, visitée souvent

par de nombreux étrangers ou de pieux pèlerins, servait de remise à tous les objets réformés de l'église et de la sacristie.

Un autel en bois vermoulu, tombant en ruine ; des fenêtres enterrées et sans jour ; un pavé pourri, brisé ; des murs en lambeaux, des statues mutilées ; tel était le triste spectacle qui peinait l'âme en entrant dans le caveau saint Ephrem.

Pour faire cesser, autant que possible, ces criants désastres, M. l'abbé Chapusot, curé de Jâlons, recueillit de pieuses largesses pendant plusieurs années, et, en septembre 1861, il annonçait à son conseil de fabrique l'intention d'ériger, dans la crypte saint Ephrem, un autel en pierre, dans le style de l'église.

Mais un travail préparatoire était indispensable. La chapelle était enterrée de 0,40 centimètres ; les bases des colonnes et des pilastres avaient entièrement disparu, il fallait remettre toutes choses dans leur état primitif.

C'est pendant l'enlèvement des terres que madame veuve Lemaire eut l'heureuse curiosité de descendre dans le caveau, pour se bien rendre compte de tout son ensemble. Un défaut qui passait inaperçu, ne pouvait échapper à son œil pénétrant et sûr ; la crypte n'était plus régulière. Elle avait perdu sa dernière travée du nord, sur la fin du siècle précédent. Un violent orage, au dire des anciens, avait arraché une partie de la toiture du clocher, qui, en retombant sur la voûte de la chapelle, l'avait entièrement effondrée. Un mur fut élevé entre les décombres et ce qui restait de la crypte, et tout était dit.

Madame Lemaire, qui n'aime pas les demi-mesures, déplore que la crypte demeure incomplète ; elle voit avec peine que l'autel n'occupera plus le point central, et quand elle sait que ni la commune, ni la fabrique n'ont les ressources nécessaires pour exécuter les travaux et rétablir l'harmonie, elle offre, avec une générosité touchante, de faire prolonger la chapelle à ses frais.

L'autorité prévenue, on pria M. Vagny, architecte à Châlons, de donner ses plans et devis, et quelques jours après, novembre 1861, les frères Cuillier, entrepreneurs à Avize, se mettaient à la besogne.

Soit dit à la louange des habitants de Jâlons. Quand il fallut creuser sous la sacristie et enlever les terres, pour faire place à la dernière travée de la crypte, des hommes de bonne volonté se présentèrent en grand nombre, et trois jours suffirent à cette rude opération.

Le prolongement du caveau tirait à sa fin ; et déjà on avait pu remarquer de fâcheux contrastes. Les vieilles voûtes, les enduits des anciens murs faisaient mal à voir, à côté des nouvelles constructions. Les arceaux surtout et leurs colonnes antiques, témoins vénérables de tant de siècles passés, étaient méconnaissables, sous les couches de badigeon qu'on leur avait prodiguées à tant d'époques. Il n'en fallait pas tant pour blesser le goût bien connu de madame Lemaire ; elle comprit que la restauration serait incomplète, si les parties anciennes ne revêtaient un air nouveau, et déjà l'ordre était donné de remettre à neuf toutes les voûtes, de remplacer tous les enduits, de débadigeonner et rejointoyer toutes les pierres taillées des arcades et des ouvertures.

La restauration était achevée, et le marbre qui dira aux siècles futurs comment Madame Lemaire a relevé la dernière travée de la crypte, aurait dû porter qu'elle la restaura tout entière (1).

(1) On lit sur le marbre commémoratif, l'inscription suivante :
Cette partie de la crypte saint Ephrem, détruite vers l'année 1795, à la suite d'un violent orage, a été restaurée, en l'an 1861, par les soins de Madame veuve

Cependant, l'autel en pierre, dont l'idée première avait occasionné des résultats si précieux, l'autel exécuté par M. Moriamé fils, sculpteur à Châlons, prenait sa place régulière et charmait par sa belle simplicité. Cet autel, la statue de saint Ephrem qui le couronne, la piscine qui se voit à droite, la garniture d'autel et le pavage de la crypte, sont dûs aux soins de M. le curé de Jâlons, aidé de la confrérie de la Sainte Vierge, et des dons volontaires de ses paroissiens.

Les noms et prénoms, placés au bas des quatre fenêtres du caveau, indiquent les personnes qui ont bien voulu en supporter les frais (1).

C'est le 7 avril 1862 que M. l'abbé Pierre-Julien Gaillard, prêtre de la congrégation de la mission, provincial de son ordre, supérieur du grand séminaire de Châlons, vicaire-général du diocèse, inaugura solennellement la crypte Saint-Ephrem, en présence de MM. Munier, curé de Condé; Frouard, curé de Matougues; Pommois, curé de Champigneul; Pierre-Alexandre Aubert, curé de Juvigny; Rouyer, curé d'Athis; Pierre-Joseph Chapusot, curé de cette paroisse; Copin, conseiller de préfecture; Bertrand-Lemaire, juge au tribunal et conseiller général de la Marne; des autorités municipales, du conseil de fabrique, et d'un très-grand concours d'habitants. M. le Supérieur célébra la sainte messe, distribua la sainte communion à bon nombre de fidèles, et offrit, dans une paternelle allocution, un juste tribut d'éloges à Madame Lemaire, et à tous les habitants, rappelant ce que l'esprit de

---

Lemaire, A LA MÉMOIRE de Jean-Nicolas Lemaire, son mari; Martin Michel et Marie-Anne Séjourné, ses père et mère; Jacques Séjourné et Marie-Anne Barthélemy, ses grand-père et grand'-mère; Pierre et Joseph Séjourné, ses oncles.

Priez Dieu pour eux!

(1) Sur la première croisée, on lit: Remy Tartier, maire, et Mélanie Fourny, son épouse; — Sur la deuxième : Madeleine Ledrut et Amélie Collard; — Sur la troisième : Auguste Guillemin, Joséphine Guillemin, Pierre Dumanget et Victorine Guillemin, son épouse; — Sur la quatrième : la famille Lamoureux.

foi avait produit à toutes les époques, et de nos jours surtout, pour la construction et la restauration des édifices religieux.

Sept ans auparavant, le 14 octobre 1855, M. Gaillard avait installé, comme curé de Jâlons, M. Pierre-Joseph Chapusot, son ancien élève, ci-devant curé d'Aigny, comme le raconte l'acte détaillé, inscrit en tête du registre servant aux délibérations du conseil de fabrique.

(Suivent toutes les signatures.)

Le 17 août 1862, dixième dimanche après la Pentecôte, octave de saint Laurent, Mgr Jean-Honoré Bara, évêque de Châlons, accompagné de M. l'abbé Joannès, vicaire-général, archidiacre de Saint-Memmie, et de M. l'abbé Musart, doyen du chapitre, se rendit à Jâlons pour donner le sacrement de Confirmation. Avant de commencer la cérémonie, Sa Grandeur, après avoir répondu cordialement aux hommages respectueux du conseil municipal, du conseil de fabrique et des principaux dignitaires de la commune, proposa de descendre dans la crypte saint Ephrem, que l'on visita dans tous ses détails. Monseigneur, fort satisfait de la restauration magnifique du caveau, adressa à qui de droit de sincères félicitations, et résuma sa pensée, en disant : qu'il regardait cette chapelle souterraine, non pas seulement comme un monument paroissial, mais comme une richesse diocésaine.

Peu de temps après, Jâlons s'honorait encore d'une bienveillante visite. Le 1er septembre de la même année, date de l'ouverture de la chasse, M. Chassaigne, préfet de la

Marne, après les douces fatigues et les plaisirs piquants d'une bonne journée, ne voulut pas quitter la commune sans avoir examiné par lui-même l'église de Jâlons, et surtout le caveau dédié à saint Ephrem. M. le Préfet, comme Monseigneur, admira les travaux nouvellement exécutés, et parut d'autant plus heureux de cette complète restauration, que les cryptes sont plus rares dans son département. Touché du bon vouloir et des sacrifices que chacun s'était imposés dans cette circonstance, M. le Préfet, à quelques jours de là, envoyait, pour la seconde fois, un mandat de 100 francs, qu'il mettait à la disposition de M. le curé de Jâlons, pour les besoins les plus urgents de son église. Il ajoutait, avec une bonté des plus gracieuses, qu'il ne l'oublierait pas dans de nouvelles répartitions.